D0926275

NORMA
Editorial

Índice

#1 Rider   003

#2 Army   035

#3 Equipo Verde   065

#4 Aloha   097

#0 Equipo Amarillo   131

Listado de personajes   147

¡HAL-AAA!

¡PARECEN MUY FUERTES!

¡ESTE AÑO HAY UN MONTÓN DE PARTICIPANTES!

¿DÓNDE ESTARÁ...?

MOLA

¡¿DÓNDE SE HA METIDO?!

¡LLEGA TARDE!

¡PUES YO YA TENGO GANAS DE EMPEZAR!

MEGANE

KNITCAP

QUÉ MAL...

ME ESTÁN ENTRANDO UNOS NERVIOS...

HEADPHONES

¡PERDÓN, LO SIENTO!

¡SIEMPRE LLEGAS TARDE!

¡YA ERA HORA!

¡HO-LAAA!

¡ESTOY AQUÍ!

SUUU

¡NUESTRO ENTRENAMIENTO NO HA SIDO EN VANO, CHICOS!

¡QUÉ GUAY!

¿...QUÉ...?

¿¡PODRÍAS DEJAR DE DAR LA NOTA?!

¡ANDA!

¿SOMOS FAMOSOS?

¡ÚLTIMAMENTE ESTÁ EN BOCA DE TODOS...!

¿EN SERIO?

¡ES EL EQUIPO AZUL!

NO PARECEN MUY LISTOS...

SON UN POCO PAYASOS.

¡HOLA A TODOOOS!

PUES A TI SE TE HAN CAÍDO LOS PANTALONES, IDIOTA.

MEGANE, QUE TIENES LA BRAGUETA ABIERTA...

JE, JE, JE.

DICEN QUE SU TORPEZA ES LEGENDARIA...

¿QUÉ OCURRE?

ザワッ
UOOOH

AUNQUE NO SOPORTA JUGAR EN EQUIPO, HA FORMADO UNO PARA EL TORNEO...

¡EL RANGO MÁS AL-TO QUE EXISTE!

ES UN PARTICI-PANTE DE RANGO S+...

SE LLAMA RIDER.

¡NO SOMOS RIVALES PARA ÉL!

¡¿EL MÁS AL-TO...?!

¡ESO, ESO!

¡PERO ¿QUÉ DI-CES?!

¡OYE, TÚ! POR MUY S+ QUE SEAS, ¡TE HAREMOS MORDER EL POLVO!

¡HA PASADO DE TI OLÍMPI-CAMENTE!

PFFF...

¡¿A QUÉ HA VENIDO ESO?!

¡QUÉ MIEDO!

ギ

C ↓

C- ↓

C+ ↓

B- ↓

¡NO OS DEIS POR VENCIDOS ANTES DE EMPEZAR!

¡¿NO SABES DE SOBRA NUESTROS RANGOS?!

¡MONTOLA BAY!

ロッ

¡CLARO! TODO IRÁ BIEN.

PERO SERÍA MUCHA CASUALIDAD, ¿NO CREÉIS?

¡JA, JA, JA!

¡¿LO VES?!

¡COMO NOS TOQUE EN PRIMERA RONDA, ADIÓS AL TORNEO!

1ª RONDA

EQUIPO AZUL CONTRA **EQUIPO VERDE LIMA**

¡NOOO!

ES EL FIN...

¿SOIS LOS DE ANTES...?

OS VAIS A ENTERAR.

TRANQUILOS. SI JUGAMOS EN EQUIPO, ¡TODO IRÁ BIEN!

¿Y ESA CARA?

¡¡EN MENUDA NOS HAS METIDO!!

¡JA, JA, JA!

¡TIENES RAZÓN!

ES VERDAD...

HACED LO QUE OS DIGA Y GANAREMOS.

Y VOSOTROS, ABRID BIEN LOS OÍDOS.

PFFF...

¡A POR TODAS!

MENUDA PANDA DE PERDEDORES.

POM

!!

SPLASH

RIDER, DEL EQUIPO VERDE LIMA,

¡HA DERROTADO A TRES OPONENTES DE UN SOLO GOLPE!

¡CHI-COS!

LAMENTO AGUAROS LA FIESTA.

ILUSO...

¡ME-
CACHIS!
¡¡PRO-
BARÉ
DESDE
ARRIBA!!

AHORA
VERÉIS
LO QUE
ES BUE-
NO.

¿¡QUÉ?!

E...

¡ESTO
ES...!

¡QUÉ
MAL!

¡OH, NO! ¡GOOGLES!

BOOOM

¡MENUDO PODER DE DESTRUC-CIÓN!

¡HA ESTADO CERCA!

TACHÁN

POR PO-CO...

¡GOOGLES HA ESQUI-VADO EL ATAQUE!

¡MRAD!

DON

TRAN-QUILOS. HAY MÁS.

UPS...

ZUUUM

NO ME GUSTA TENER COMPAÑEROS...

¡QUÉ RABIA!

...Y NO CREO EN EL TRABAJO EN EQUIPO.

¿PARA QUÉ QUIERO COOPERAR CON NADIE...

...SI PUEDO GANAR LA BATALLA YO SOLO?

¡ENTRENAMOS JUNTOS DÍA SÍ Y DÍA TAMBIÉN!

LA RAZÓN ES MUY SIMPLE...

¿CÓMO ES QUE OS COMPENETRÁIS TAN BIEN?

QUÉ MAL...

NO TENDRÍA QUE HABER IMPROVISADO UN EQUIPO...

¡ESO YA LO VEREMOS!

NO PERDEREMOS LA PRÓXIMA VEZ.

¡QUE ALGUIEN NOS AYU-DEEE!

¡DA MIEDO!

¡DÉJA-NOSLO A NOSOTROS! ¡JA, JA, JA!

COMO NO GANÉIS LA COPA, OS ARRANCARÉ LOS TENTÁCU-LOS UNO A UNO.

POR CIERTO... ME HABÉIS DERROTADO A MÍ, UN RANGO S+.

VAMOS, CHICOS... ¡A POR LA SEGUNDA RONDA!

¡GENIAL!

¡¿ESTÁS CIEGO O QUÉ?!

SERÁ PAZGUATO...

¡¿QUIÉN HA DEJADO LA ALCAN-TARILLA ABIERTA?!

¡ESPERA UN MO-MENTO! DAME UN RES-PIRO.

CHAAAN

SPLASH

¡SE ME HA CAÍDO LA RO-PA! PERO ¿CUÁNDO...?

¡¿TE ESTÁS RIENDO DE MÍ?!

¡QUÉ MIEDO...!

PARECE QUE RIDER LE ESTÁ DANDO UNA BUENA TUNDA...

¡LO SIEN-TOOO!

ANDA...

ES GOOGLES, EL RARITO DEL EQUIPO AZUL.

¿¡Y POR QUÉ TE RÍES?!

¡JA, JA, JA!

¡¡RIDER VA A ACABAR CON NOSOTROS!!

LE VA A ARRANCAR LOS TENTÁCULOS...

POBRE GOOGLES...

RIDER ESTÁ QUE ECHA CHISPAS...

¡TSK!

ESTO SOLO HA SIDO UNA ADVERTENCIA.

VALEEE...

HOLA A TODOS. ¡YA SOY LIBRE!

¡BUENAS!

¡HOP! TACHÁN

¡ESTÁS HECHO UNOS ZORROS!

¡ESO YA LO VEREMOS!

NO PERDEREMOS LA PRÓXIMA VEZ.

¿A QUIÉN SE LE OCURRE PERDER EN SEGUNDA RONDA DESPUÉS DE GANARME...?

!!

¡JE, JE, JE!

HAN BARRIDO EL SUELO CON NOSOTROS.

¡LO SENTIMOS MUCHO, RIDER!

RIDER, ¿HOY NO IBAS A VER UNA BATALLA INTERESANTE?

¡OYE!

¿QUIÉN PARTICIPA?

¿TE REFIERES A ARMY...

...EL INTEGRANTE DEL S4?

ARMY, DEL EQUIPO NARANJA.

...

¡¡ES "ESE CUATRO"!!

ESCUA... EXTUA... ¿EXTRATERRESTRE?

INCREÍBLE...

¿EN SERIO?

¿EL S4...?

LOS INTEGRANTES DEL S+ SON MONSTRUOS...

C- C C+ B-

¡PERO NO POR MUCHO TIEMPO...!

¡ES VERDAD! QUÉ DESPISTE...

RECUERDA QUE TAMBIÉN TENEMOS COMBATE.

¡YO TAMBIÉN QUIERO IR!

¡NO TAN RÁPIDO!

¡JA, JA, JA!

¡QUÉ COSAS TIENES!

¿OS IMAGINÁIS QUE NOS TOCA CONTRA EL EQUIPO NARANJA?

NUESTRO RANGO NO ES MUY ALTO...

¡PERO IREMOS A GANAR!

NO PARECÉIS MUY FUERTES...

TACHAN

¿DE QUÉ HABLA?

¿VOSOTROS SOIS EL EQUIPO AZUL, LOS QUE DERROTARON A RIDER?

¿EH?

MIRA QUE TIENEN MALA SUERTE...

¡PERO NO LE DES LA RAZÓN!

AUNQUE LA TENGA...

PAN

¡NOS LO DICEN MUY A MENUDO!

ES SORPRENDENTE, PERO NO OS SERVIRÁ DE NADA.

¡LA VICTORIA ES LO QUE DA SENTIDO A LA BATALLA!

VAIS A CAER AQUÍ Y AHORA.

¡GANARLO ES TODO!

¿EN SERIO?

NO-SOTROS LO HACE-MOS POR-QUE NOS LO PA-SAMOS BIEN.

¿QUÉ TONTE-RÍA ES ESA...?

¡¡PERO NO LE VACI-LES!!

¡DESCEREBRADO!

¡ERES UN ALIEEEN!

DA IGUAL. ¡TE VAS A ENTERAR, SEÑOR EXTRA-TERRESTRE!

46

¡EL EQUIPO AZUL TOMA LA DELANTERA!

¡TODO VA VIENTO EN POPA!

¡PORQUE HEMOS ENTRENADO MUCHO!

HAY MÚLTIPLES RUTAS QUE LLEVAN A LAS PLATAFORMAS MÁS ELEVADAS.

SI EL EQUIPO SE SEPARA, ES MÁS FÁCIL AVANZAR SIN QUE LOS DETECTEN.

YA VEO...

NO LO CONSEGUIRÉIS.

PUEDO ANTICI-PARME AL RIVAL GRACIAS AL...

EN EFEC-TO.

DESPUÉS, CREA UN MANUAL CON ELLOS PARA ESTUDIAR AL ENEMIGO.

ARMY SE DEDICA A RECOPILAR DATOS DURANTE LAS BATALLAS.

¡...MA-NUAL DEL EJÉR-CITO CALA-MAR!

ESTÁIS MUY EQUIVO-CADOS.

¡NO NOS VERÁN TAN FÁ-CILMEN-TE!

¡BUE-NA IDEA!

¡CAM-BIE-MOS DE FOR-MA!

¡PUEDO PREVER TODOS VUESTROS MOVIMIENTOS!

PA... PARECE QUE...

¡...EL EQUIPO AZUL HA CAÍDO DE NUEVO!

¡CONOZCO ESE OLOR...!

¡SÍ!

PREPARAOS PARA CUANDO REAPAREZCAN.

¡EL EQUIPO AZUL ESTÁ CONTRA LAS CUERDAS!

Y, EN UN INSTANTE, EL EQUIPO NARANJA SE HA HECHO CON EL CONTROL.

JE, JE, JE...

PARECE QUE LO HAS PILLADO.

¡¿ES QUE NO HAY FORMA DE ESCAPAR?!

¿EL SUPERDETECTOR SIGUE ACTIVO...?

¡EL MANUAL NOS LLEVARÁ DIRECTOS A LA VICTORIA!

¡NO SE NOS ESCAPA NADA EN EL CAMPO DE BATALLA!

E...

¡¿ESTÁ COMIENDO CURRI...?!

¿ES ALGÚN TIPO DE ESTRATE- GIA...?

¿POR QUÉ ESTÁ COMIEN- DO CURRI? ESTO NO SALE EN EL MANUAL...

¡PE- RO VE- TE DE AHÍ!

YA SABÍA YO QUE ME SONABA ESTE AROMA.

¿NO SABE CÓMO REACCIO- NAR?

QUÉ RICO...

¡QUE TE VAN A DISPA- RAR!

¡SE HA ACABA- DO EL EFECTO DEL SEN- SOR!

¡PER- FECTO! ¡MANOS A LA OBRA!

¡¿POR QUÉ ES- TÁN TAN CONFUN- DIDOS?!

NO SABEN QUÉ HACER.

¡ESTA- MOS BUS- CANDO DATOS SOBRE CURRI!

CA... CAPI- TÁN. ¡EFECTI- VAMEN- TE, ES CU- RRI!

¡

!

¡VVVAAA!

¡BIEEEN!

¡MIAU!
(LA VICTO-
RIA ES DEL
EQUIPO
AZUL).

¡LO
HE-
MOS
CON-
SE-
GUI-
DO!

ZAM

AHÍ ESTÁ
LA GRACIA DE
LOS COMBA-
TES: ¡NUNCA
SABES LO
QUE VA A
SUCEDER!

CAPITÁN...

¿CÓ-
MO
HE-
MOS
PO-
DIDO
PER-
DER?

NADA DE
ESTO SALÍA
EN EL MA-
NUAL...

¡PUES
CLA-
RO!

#3 EQUIPO VERDE

¡ESTOY BIEN! ¡NO PASA NADA!

HA SIDO UN RESBALÓN.

¡¿TÚ TE HAS VISTO?!

¡TADÁAA!

NO DEBERÍAS SEGUIR ASÍ...

¿EN SERIO?

TAP TAP TAP TAP TAP

¡QUÉ VA! PUEDO JUGAR DE ESTA MANERA.

DESVERGONZADO...

¡AHÍ VA!

HAGAMOS UNA PAUSA.

¡¡QUE DESDE AQUÍ SE TE VE TODO!!

¡¡VAMOS!!

¿EH?

¡TOMA ESA!

DO DO DO DO DO

TAP TAP TAP TAP TAP

PILUM
PILUM
PILUM

¡UF!

¡TOMA!

¡VENGA!

SIN DUDA, SON UNA PANDA DE FRIKIS...

DE ACUERDO.

¡HASTA AHORA!

VOLVEMOS ENSEGUIDA.

VAMOS A COMPRARLE ALGO DE ROPA.

HEMOS LLEGADO.

CROMÓPOLIS

¡AHORA NOS VEMOS!

MENUDO ELEMENTO...

HACÍA MUCHO QUE NO IBA DE COMPRAS...

¡PUES MÉTETE YA EN LA TIENDA!

¿TAL VEZ ALGO DEPORTIVO?

A VER QUÉ TIPO DE ROPA ESCOGERÁ.

ME DA A MÍ QUE NO TIENE MUY BUEN GUSTO...

¡AH, HOLA!

¿A VER?

¡YA ESTOY AQUÍ!

コーホー *SHUUU*

コーホー *SHUUU*

¿QUÉ HACES CON ESE CASCO?

¡SI NO TE VEMOS LA CARA!

¿NO ME RECONO-CÉIS?

PUES GOOGLES, ¿QUIÉN SI NO?

¡¿Y TÚ QUIÉN ERES?!

¡NO TE LLEVES LO PRIMERO QUE VEAS!

¿QUÉ?

¿DE VERDAD?

¡DEVUÉLVE-MELOOO!

¿QUÉ HACES?

EHM...

DISCULPA, ESO ERA DE OTRO CLIENTE...

¿QUE PEGUE CON MI PERSO-NALI-DAD?

¡YA LO TENGO!

VEAMOS...

¿QUÉ DEBERÍA COM-PRAR?

PUES ALGO QUE PEGUE CON TU PERSO-NALIDAD.

ESO.

¡QUE TE VIS-TAS!

¿ASÍ MEJOR?

NO MU-CHO...

¿OS GUS-TA?

¡VÍS-TE-TE!

¿QUÉ TAL?

NO TE PEGA.

¿Y ESTO?

¿AL-GO ASÍ?

CREO QUE NO...

¡LA ROPA INTERIOR ES DIFE-RENTE!

CHAAAN

¡¡ESO ME DA IGUAL!!

CREO QUE ME QUEDO CON ESTO.

ME GUSTA BASTANTE.

LA ROPA ESTABA HE-CHA UNOS ZORROS, DESDE LUEGO.

ASÍ SEGURO QUE TE MUEVES MEJOR.

SHA SHA SHA SHA

¿NO ES LO MISMO QUE LLE-VABAS AN-TES...?

¡TIENES RAZÓN!

MUY BIEN, ¡A ENTRE-NAR!

¡VOLVED CUANDO QUERÁIS!

¡TODOS EN EL EQUIPO NOS ESTAMOS ESFORZANDO AL MÁXIMO!

¡EN EFECTO!

¿POR QUÉ LO DICES?

HAS ESTADO ENTRENANDO MUCHO, ¿VERDAD?

POR EL ESTADO DE LA ROPA.

!

¿NO ES ESE EL EQUIPO AZUL? VAYA, VAYA...

EQUIPO VERDE CONTRA EQUIPO AZUL
REPETICIÓN

¡SENTIMOS HABEROS HECHO ESPERAR!

¡EMPECEMOS DE NUEVO!

¡JE JE!

¡NO PERDEREMOS CONTRA VOSOTROS!

¡A PINTAR SE HA DICHO!

¿PREPARADOS...?

¡A ATAQUE!

¡ANDA!...

¡QUÉ LIGERA ES LA ROPA NUEVA!

¡YA!!

¡AHORA SÍ!!

¡A LAS PLATA-FOR-MAS ALTAS!

¡LA BATALLA HA LLE-GADO AL CEN-TRO!

¡A POR ELLOS!

¡LO HE CONSE-GUIDO!

¿QUÉ TE PA-RE-CE ES-TO?

¡BUENA, GOO-GLES!

¡TOMAD ESA!

SERÁ PESA-DO...

¡ÑOOO!

SPLASH

SPLASH

SPLASH

¿EH?

QUÉ MAL...

¡ES UN DERRA-MATIC CENTRI-FUGO!!

¡Y ES UN ARMA!

¡ME HA DADO CON LA LAVADORA!

¡GENIAL!

¡LE HE ACERTADO DE LLENO!

¿UNA BOMBA? ¡ME LA HA JUGADO!

¡TACHAN!

¡JA, JA, JA, JA, JA!

¡ME HARÉ CON ESTA PLATA-FORMA!

!

CIRUELAS

¡ME-
NUDO
SUSTO
ME HAS
DADO!

¿EN
SERIO
TE
GUSTA
ESO?

¡¡MIS
CIRUE-
LAS!!

¡SE ME HAN
CAÍDO!

¡AHORA VERÁS!

¡ESO ES TRABAJO EN EQUIPO, CHICOS!

¡GENIAL!

¡AAAAAAGH!

¡OS LA HE JUGADO!

¡JA, JA, JA, JA!

QUÉ FASTIDIO...

¡DE ESTA NO SALIMOS!

¡NOS HA SALIDO A PEDIR DE BOCA!

¿VERDAD?

¡SEGURO QUE GANAMOS!

¡NO BAJÉIS LA GUARDIA!

¡VIVA!

¡QUEDAN 20 SEGUNDOS!

¿NO LE HABÍAMOS DADO CON EL TINTAZUCA...?

¿LO HA ESQUIVADO?

¡PROBEMOS DE NUEVO!

¡A VER CÓMO TE ESCAPAS AHORA!

¡UN RE-SORT! ¡CÓ-MO MO-LA!

¡UALAAA!

¡NO!! ¡¡ESPERA UN MOMENTO!!

¡AL AGUA, CALAMARES!

¡QUE HEMOS VENIDO A COMBATIR!

HAY QUE VER... ¡MIRA QUÉ CONTENTOS ESTÁN!

¡GUAAAU!

GRAB

¿EH?

SHA

SPA CALA BACALAO

¡NO ES MOMENTO DE PONERSE A JUGAR!

¡SI OS LO HE DICHO YO!

ANDA...

¡HOLA, EQUIPO AZUL!

EQUIPO AL AGUA

GLU GLU GLU GLU

*LOS INKLING NO SABEN NADAR.

CREO QUE NUESTRA VICTORIA SERÁ TODAVÍA MÁS FÁCIL...

ESTÁ CLARO QUE NOSOTROS NOS LLEVAMOS MEJOR.

DERROTAR A RIDER Y ARMY CON ESE RAN-GO...

POR UN MOMENTO PENSÉ QUE FORMARÍAN UN BUEN EQUI-PO.

CREO QUE ME EQUIVO-QUÉ. ♫

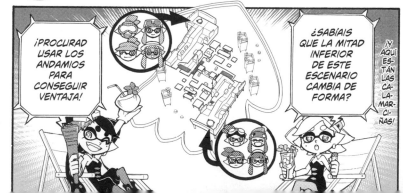

¡PROCURAD USAR LOS ANDAMIOS PARA CONSEGUIR VENTAJA!

¿SABÍAIS QUE LA MITAD INFERIOR DE ESTE ESCENARIO CAMBIA DE FORMA?

¡Y AQUÍ ES-TÁN LAS CA-LA-MAR-CI-ÑAS!

¡ADELANTE, CHICOS...!

¡EL EQUIPO AZUL ARRANCA CON FUERZA!

¡¡OOOH!!

ドド ド ド
TAP TAP TAP TAP

バシャッ バシャ

¡DOS MIEMBROS DEL EQUIPO AZUL SE DISPARAN MUTUAMENTE!

¿SE ESTÁN PELEANDO?

¡TOMA ESO!

¡¡UOOOH!!

ウォ オオオ

¡¿QUÉ DIANTRES HACÉIS?!

QUÉ TONTOS...

BUAH...

QUÉ PRINGADOS.

YA VES...

¡HACED EL FAVOR DE PINTAR!

ド ド ド ド
TA TA TA TA

¡ESTAMOS PINTANDO!

¡¡MENTIRA COCHINA!!

IMBÉCIL

IDIOTA

¡NO PODÍAN ESQUIVAR EL ATAQUE!

¡LES HA DADO DE LLENO!

¡GOO-GLES, MEGA-NE!

¡NOOO!

¡LA SUPERIORI-DAD DEL EQUIPO ROSA ES ABRUMA-DORA!

¿CÓMO REACCIO-NARÁ EL EQUIPO AZUL?

Y TODO PORQUE SE ESTÁN PELEANDO.

QUÉ ROLLO...

¡ALOHA HA CAÍDO AL AGUA!

PERO ¿NO SE CANSAN DE PELEAR...?

QUÉ PESADOS...

¡SIEMPRE TE DEJAS LA BERENJENA EN EL PLATO!

VAYA, AHORA TENGO HAMBRE...

¡SOLO UN IDIOTA CONFUNDIRÍA LA PASTA DE DIENTES CON WASABI!

¡NO PARAN DE INSULTARSE!

¡PUES TÚ LLEVAS UNAS GAFAS RIDÍCULAMENTE GRANDES!

¡ERES TONTO DE REMATE, GOOGLES!

VAYA, HOMBRE...

¡QUÉ MAL!

¿QUÉ OS HACE TANTA GRACIA?

¡¿ES-TÁS DE BRO-MA?!

¡Y NO PARAN DE LLENARLO TODO DE TINTA!

¡¿OOOO?!

¡A PESAR DE TODO, SON MUY RÁPIDOS!

NA JA JA!

¿EH?

¡A POR ELLOS, ALOHA!

VAYA FORMA DE CORTAR EL ROLLO...

¿POR QUÉ TE PONES TAN SERIO?

¡¿DE QUÉ VAIS?!

¡JE, JE!

¡¿EH?!

¡NO TE METAS CON MI BAILE!

¿TONTERÍAS? COMO SI TU BAILECITO FUESE MUY INTELIGENTE...

¿QUÉ?

NO FASTI-DIÉIS...

¡PARAD DE DECIR TONTERÍAS, ANDA...!

TODO EL MUNDO SE ESTÁ PELEAN-DO...

LO HA DICHO...

CHICOS...

CHOF

!!

¡PUES TÚ ERES LA MAR DE MAJO!

¡SIEMPRE TE TOMAS EL ENTRENAMIENTO MUY EN SERIO!

¿EH?

¡TIENES EN CONSIDERACIÓN AL EQUIPO!

¡A VECES DICES COSAS MUY INTELIGENTES!

¿OTRA VEZ?

¡TE LO DIGO EN SERIO!

¿QUÉ ESTÁN DICIENDO AHORA...?

¡OYE, ¿QUÉ HACES?!

¿LO DICES EN SE- RIO?

¡SI VOSOTROS TAMBIÉN OS LLEVÁIS LA MAR DE BIEN!

AAAH...!

SOIS TAN BUENOS AMIGOS QUE LUCHÁIS JUN- TOS HASTA CUANDO DISCUTÍS.

¡LA PRÓXIMA VEZ IREMOS EN SERIO!

LO SENTIMOS...

¡AAAGHHH...!

JA, JA, JA.

...

HAY QUE VER...

LO SIENTO, LO SIENTO...

ALOHA...

¡TOTAL, NOSOTROS TAMBIÉN TENEMOS QUE MEJORAR, ¿VERDAD?!

PENSÁNDOLO MEJOR, CREO QUE LA AMISTAD NO ES ALGO QUE SE DEBA COMPARAR.

BUENO, Y AHORA QUE HEMOS ACABADO...

¡HA LLEGADO LA HORA DE LA PARTY!

¡A DISFRUTAR!

ECS...

¿HABLAS DE LOS QUE SE ESTABAN PELEANDO?

EL EQUIPO ROSA ME PONE DE LOS NERVIOS...

¡PARECE QUE SE LO ESTÁN PASANDO PIPA!

¡ESTOS NO DURAN UN ASALTO CONTRA NOSOTROS, EL EQUIPO TURQUE-SA!

MIRA QUE ME CAE MAL ALOHA...

PERO EL EQUIPO AZUL ES AÚN PEOR.

TODO EL DÍA SONRIENDO...

¿QUÉ HA PASA-DO...?

¿NUNCA SE PONE TRISTE O QUÉ?

MENUDO INCORDIO...

¿Y ESTA?

RECORDAD QUE QUIEN RÍE ÚLTI-MO RÍE MEJOR...

¡HA GANADO SIN MO-VER UN DEDO!

PARECE QUE MASK, DEL S4,

...EQUIPO AZUL.

JE, JE, JE...

FIN DEL VOLUMEN 1 DE *SPLATOON*.
CONTINÚA EN EL VOLUMEN 2.

#0 EQUIPO AMARILLO

*EN LA LÍNEA TEMPORAL DE LA
ESTE CAPÍTULO ES ANTERIOR AL C

¡LA CIUDAD EN LA QUE VIVEN...

¡BIENVENIDOS A CROMÓPOLIS!

...LOS INKLING!

LOS INKLING SON CALAMARES...

...PERO NO DE CUALQUIER CLASE.

DE ALGÚN MODO...

UNA PARTIDA DE CUATRO CONTRA CUATRO...

EQUIPO AZUL

CHAAAN

¡...DE COMBATE TERRI-TORIAL!

EQUIPO AMARILLO

CHAAAN

¡¿EN SERIO NO LO SABES?!

¡¿QUÉÉÉÉ?!

POR CIERTO, ¿PODRÍAIS DECIRME DE QUÉ VA EL COMBATE TERRITORIAL?

SERÁ TONTO...

134

¡HAS DE UTILIZAR TINTA DE TU COLOR PARA COLOREAR TODO LO QUE PUEDAS!

EQUIPO AMARILLO: PUNTO DE PARTIDA

¡CONSISTE EN PINTAR CON TINTA MÁS TERRENO QUE EL EQUIPO CONTRARIO!

EQUIPO AZUL: PUNTO DE PARTIDA

¿NOS HARÁN A LA ROMANA...?

¡¿QUÉ NOS VAN A CO- MER...?!

¡¡NO DIGAS TON- TE- RÍAS!!

NO GUISADO...

OYE, QUE YA HEMOS EMPE- ZADO...

¿QUÉ DICES? ¡NOSO- TROS SOMOS MUCHO MEJO- RES!

NOSOTROS, EL EQUIPO AMARILLO, OS COMEREMOS CON PATATAS.

¿PRE-PARA-DOS?

¡YA!

SHAAAN

¡ES UN AR-MA!

¿Y TÚ QUÉ HACES CON UN PINCEL?

¡VENGA, CHICOS! ¡A LLE-NARLO TODO DE TINTA!

¡VAMOS, DEPRISA!

¡ASÍ ES MUCHO MÁS RÁPIDO!

SHUUU

¡EN FORMA DE CALAMAR, LOS *INKLING* PUEDEN ESCALAR PAREDES Y ATRAVESAR VERJAS!

¡¡PARA DE MOLESTAR!!

¡BEEEEN!

¡HE PESCADO UN CALAMAR!

PERO SI NO HAY TINTA, NO PUEDEN SEGUIR ADELANTE.

LO LA

¿EH?

¿NO PUEDO SEGUIR?

¡QUÉ RÁPIDO HAN LLEGADO ALLÍ ARRIBA!

¡EL EQUIPO AMARILLO!

LOS RARITOS DEL EQUIPO AZUL HACIENDO DE LAS SUYAS...

¡VOL-
VERÉ
ENSE-
GUI-
DA!

Y
AHORA...

¡¡SU-
PER-
SAL-
TO RÁ-
PI-
DO!!

BLOB

CUANDO LOS DERROTAN, LOS *INKLING* REAPA-RECEN EN EL PUNTO DE PARTIDA.

¡ASÍ
VOLVERÉ
MÁS
DEPRISA
JUNTO
A MIS
AMIGOS!

¡AGUAN-
TAD,
CHI-
COS!

UOOOH

UOOOH

¡VENGO
EN
VUES-
TRO
AUXI-
LIO!

¡¡ME HE PASA- DO!!

¡VAMOS BIEN! ¡SEGUID PINTANDO!

¡AYUDAAA!

POR FAVOR...

¿OH? ¿HABÉIS OÍDO ALGO?

¡¡AAAAA...!!!

¡¡BOM-BAS BÁSI-CAS!!

¡A CUBIER-TO!

BUEN TRABAJO TÚ TAM-BIÉN, KNIT-CAP.

LAS ARMAS SECUNDARIAS SON MUY EFICACES SI SE UTILIZAN BIEN.

¡¡HAZLO, GOO-GLES!!

¡UGH!

¡ANDA!

CHIN

¡YA ES-TÁ LIS-TA!

¡EL MEDI-DOR ESTÁ AL MÁ-XIMO!

FIN DEL CAPÍTULO #0 EQUIPO AMARILLO.

LISTA DE JUGADORES

GOOGLES

Arma: Lanzatintas B
Accesorio: Gafas de piloto
Ropa: Chaqueta reforzada (réplica)
Calzado: Deportiva de élite (réplica)

INFORMACIÓN ADICIONAL

- Como duerme en una postura horrible,
cuesta un montón levantarse y siempre llega tarde.
Apenas oye el despertador por las mañanas.
Le encanta comer las ciruelas que prepara su abuela.

EQUIPO AZUL

KNITCAP

HEADPHONES

MEGANE

Arma: Derramatic
Accesorio: Gorro con borla
Ropa: Sudadera verde
Calzado: Zapatilla morada

Arma: Kalarrapid α
Accesorio: Auriculares Pro
Ropa: Baloncesto visitante
Calzado: Bota piel roja

Arma: Pincel
Accesorio: Retrogafas
Ropa: Camisa con corba
Calzado: Zapato morac

INFORMACIÓN ADICIONAL

· Siempre comen juntos durante el entrenamiento
(a Googles le chifla el *onigiri*, pero siempre se lo olvida).

RIDER

Arma: Dinamorrodillo T
Accesorio: Lentillas sin graduación
Ropa: Chaqueta motera negra
Calzado: Pulpobota

INFORMACIÓN ADICIONAL

- Ha creado su propio plan de entrenamiento
  ¡y lo lleva a rajatabla!
- También ha aprendido a reparar sus propias armas.

SUGE

BLAZER

NIGHTVISION

Arma: Tintralladora
Accesorio: Sombrero cónico
Ropa: Marinera larga
Calzado: Playera azul

Arma: Salpicadora 2000 DX
Accesorio: Horquilla Calamar
Ropa: Uniforme escolar
Calzado: Mocasín escolar

Arma: Megabarredor
Accesorio: Visor noct
Ropa: Sudadera camu
Calzado: Bota montaña

INFORMACIÓN ADICIONAL

· El equipo está formado con prisas para el torneo.

ARMY

INFORMACIÓN ADICIONAL

- Se pinta él mismo las marcas de guerra.
ece que se ha criado en una familia adinerada.
- Miembro del S4.

EQUIPO NARANJA

SAILOR WHITE

EFTEN

SAILOR BLUE

Arma: Barredora doble
Accesorio: Boina fuerzas especiales
Ropa: Uniforme marinero blanco
Calzado: Mocasín escualo

Arma: Devastador exprés
Accesorio: Boina fuerzas militares
Ropa: Abrigo octariano Forima
Calzado: Bota clásica blanca

Arma: Cargatintas con
Accesorio: Boina fuerzas es
Ropa: Uniforme marinero
Calzado: Mocasín caín

INFORMACIÓN ADICIONAL

- Lo dejan todo ordenado tras los
entrenamientos y las batallas.

EQUIPO ROSA

ALOHA

Armas: Salpicadora 2000
Accesorio: Visera golf
Ropa: Camisa tropical
Calzado: Velcro multicolor

INFORMACIÓN ADICIONAL

- A pesar de que no sabe nadar,
a Aloha se le da bien el surf.
- Conoce muchos lugares por
donde salir de fiesta.
- Miembro del S4.

MUGI

OCTOGLASSES

DIVER

Arma: Rodillo Básico B
Accesorio: Sombrero de paja
Ropa: Camisa marcas
Calzado: Suela extrarrosa

Arma: Lanzatintas plus frambuesa
Accesorio: Octogafas
Ropa: Camisa marcas
Calzado: Bamba ultrarroja

Arma: Tintambor pesad
Accesorio: Gafas con t
Ropa: Camisa marca
Calzado: Hipocampo blar

INFORMACIÓN ADICIONAL

- Suben a internet fotos que se
  hacen en fiestas y eventos.

BACKWARDS

Arma: Derramatic centrífugo
Accesorio: Gorra vuelta
Ropa: Cazadora estudiante
Calzado: Zapatilla alta oliva

AFARIHAT

INFORMACIÓN ADICIONAL

- No le gusta que confundan su arma con una lavadora,
pero él mismo probó si podía lavar ropa con ella.
Lo dejó todo perdido de tinta.

Arma: Salpicadora 2000
Accesorio: Sombrero safari
Ropa: Chubasquero lima
Calzado: Zapatilla ultrablanca

BEANIE

Arma: Aerógrafo pro
Accesorio: Gorro liso
Ropa: Vectores gris
Calzado: Hipocampo-A roja

SPIKER

Arma: Pincel maestro
Accesorio: Cinta blanca
Ropa: Pirata doble
Calzado: Bota de tacos

INFORMACIÓN ADICIONAL

bido a lo sucedido contra el Equipo Azul, ahora comprueban
 e no haya impostores en el equipo antes de cada batalla.

EQUIPO VERDE

FACEGOOGLES

Arma: Devastador
Accesorio: Máscara protectora
Ropa: Camuflaje doble (de color negro)*
Calzado: Bota motorista

TAKOMASK

INFORMACIÓN ADICIONAL

- Colabora mucho en las tareas del hogar.

Arma: Lanzatintas
Accesorio: Máscara antigás
Ropa: Sudadera gris
Calzado: Playera azul

OLIVE

Arma: Salpicadora 2000
Accesorio: Lentillas sin graduación
Ropa: Chubasquero lima
Calzado: Bota montaña pro

YAKO

Arma: Lanzatintas novato
Accesorio: Gorra malla Sepioca
(de color negro)**
Ropa: Ojos calamar negra
Calzado: Velcro naranja

INFORMACIÓN ADICIONAL

- Suelen entrenarse con el Equipo Azul.
- Takomask no tiene relación alguna con el miembro del S4.

EQUIPO AMARILLO

*N. DEL T.: EN EL VIDEOJUEGO, ESTA CAMISETA SOLO ESTÁ DISPONIBLE EN CC
**N. DEL T.: EN EL VIDEOJUEGO, ESTA GORRA SOLO ESTÁ DISPONIBLE EN CC

EQUIPO AZUL #0

El equipamiento del Equipo Azul actual
es diferente al del Equipo Azul #0.

GOOGLES

Arma: Lanzatintas
(pero puede utilizar el Tintazuca)*
Accesorio: Gafas de piloto
Ropa: Tintaz doble
Calzado: Hipocampo-A morada

HEADPHONES

Arma: Cargatintas
(pero puede utilizar el Telón de tinta)
Accesorio: Auriculares pro
Ropa: Camiseta blanca
Calzado: Deportiva rosa

KNITCAP

Arma: Cargatintas
(pero puede utilizar el Telón de tinta)
Accesorio: Auriculares pro
Ropa: Camiseta blanca
Calzado: Deportiva rosa

MEGANE

Arma: Pincel
Accesorio: Retrogafas
Ropa: Camisa cuadros retro
Calzado: Suela extrablanca

Splatoon
1

THANK YOU!

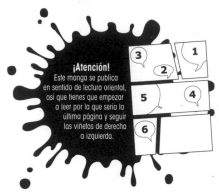

¡Atención!
Este manga se publica
en sentido de lectura oriental,
así que tienes que empezar
a leer por la que sería la
última página y seguir
las viñetas de derecha
a izquierda.

TM & © 2017 Nintendo. All Rights Reserved.

SPLATOON 1 by Sankichi HINODEYA

© 2016 Sankichi HINODEYA
Original Japanese edition published by SHOGAKUKAN.
Spanish translation rights in Spain arranged with SHOGAKUKAN
through The Kashima Agency.

© 2022 Norma Editorial S.A. por esta edición.
Norma Editorial, S.A. Passeig de Sant Joan, 7, principal.
08010 Barcelona. Tel.: 93 303 68 20
E-mail: norma@normaeditorial.com
Traducción: Emilio Ros Casas (DARUMA Serveis Lingüístics, SL)
Corrección: Montse Muñoz (Drac Studio)
Realización técnica: BRKDoll Studio
Depósito Legal: B-20473-2017
ISBN: 978-84-679-2835-8
Printed in the EU

www.NormaEditorial.com
www.normaeditorial.com/blogmanga/

¡Búscanos en las redes sociales!
NormaEdManga

Consulta los puntos de venta de nuestras publicaciones en
www.normaeditorial.com/librerias
Servicio de venta por correo:
Tel. 93 244 81 25 - correo@normaeditorial.com,
www.normaeditorial.com/correo